AF232760

LK 1° 41

MÉMOIRES

ADRESSÉS PAR LES

CULTIVATEURS FRANÇAIS DE PONDICHÉRY

A L'ASSEMBLÉE NATIONALE LÉGISLATIVE

ET

A M. LE PRÉSIDENT DE LA RÉPUBLIQUE FRANÇAISE.

———————

RÉCLAMATIONS

CONTRE LA SURTAXE IMPOSÉE SUR LES TERRES A ADAMANAM, DANS LES ALDÉES, PAR DÉCRET DU GOUVERNEUR DES ÉTABLISSEMENTS FRANÇAIS DANS L'INDE, DU 4 FÉVRIER 1851.

———————

NANTES,

IMPRIMERIE DE VINCENT FOREST,

PLACE DU COMMERCE.

1851.

DÉPÔT LÉG.

R. F. BIBLIOTHÈQUE NATIONALE IMPRIMÉS

Pondichéry, le 5 Juillet 1851.

A Messieurs les Représentants du Peuple, à l'Assemblée Nationale Législative.

MESSIEURS LES REPRÉSENTANTS,

La Loi est la garantie du Peuple comme du Gouvernement; elle est faite pour être observée, non pas pour être laissée dans l'inaction; cependant ce principe si vrai ne semble pas trouver son application ici.

En effet, l'autorité locale, s'écartant de celle des principes de l'Ordonnance Royale du 23 juillet 1840 qui définit et limite le pouvoir du Gouverneur dans l'Inde, a donné lieu à l'appel devant Monsieur le Président de la République, concernant une surtaxe établie par arrêté du 8 Février 1851.

Des observations très-respectueuses furent présentées à Monsieur le Gouverneur, avec prière de le rapporter, attendu qu'il touchait le plus profondément aux intérêts les plus chers du malheureux cultivateur dont la triste position est connue de l'autorité locale. Monsieur le Gouverneur, en conseil, ayant rejeté cette demande, les Agriculteurs se sont crus dans l'obligation d'adresser une pétition à Monsieur le Président de la République, et ont, en même temps, cru devoir en saisir la Chambre des Représentants, pour leur faire comprendre de combien d'impôts lourds et trop lourds ils sont frappés, en priant Monsieur le Représentant, chargé de la transmettre à l'Assemblée, de défendre leur cause, de faire voir l'inconstitutionnalité de l'arrêté précité, et d'obtenir, pour ses mandants, une prompte justice, justice qu'ils craignent de ne pouvoir jamais obtenir ici.

Vous daignerez, Messieurs les Représentants, contribuer à la plus prompte

2

solution des réclamations les plus équitables et les plus justes que contiennent les pétitions adressées tant à Monsieur le Président de la République qu'à Monsieur le Gouverneur de Pondichéry.

Les Agriculteurs osent l'espérer de vous, Messieurs les Représentants, en présence du principe que vous avez inséré dans la Constitution, que les Représentants de chaque département et de chaque colonie sont aptes à représenter les intérêts de tous, et vous prient avec instance de leur pardonner quelques expressions d'irrévérence involontaire que vous pourriez rencontrer dans les deux pétitions qu'ils ont adressées aux autorités compétentes, vu leur qualité d'étranger.

Le soussigné, au nom de tous les Agriculteurs,

Messieurs les Représentants,

A l'honneur d'être avec le plus profond respect,

Votre très-humble et très-dévoué serviteur,

PONNOU.

Pondichéry, le 5 Juillet 1851.

A M. le Président de la République Française.

M. LE PRÉSIDENT,

Les Indigents Agriculteurs, Cultivateurs ou Colons, habitant le territoire de Pondichéry, séparés par six mille lieues de la métropole, n'ont jamais pu élever la voix jusqu'à ce centre de l'autorité, pour lui exposer la fâcheuse position dans laquelle ils succombent par suite du mode de perception qui n'est ni celui de leur Gouvernement natal ni celui de la nation sous la bannière de laquelle ils se sont rangés.

Cet état anormal vient d'être aggravé par une surtaxe ayant pour prétexte un surcroît d'eau fourni par l'établissement de deux canaux dont parle l'arrêté qu'ils osent prendre la respectueuse liberté de vous signaler comme contenant des dispositions législatives, qui ne constituent point une mesure réglementaire relative à l'exploitation des terres, et rentrant dans la limite des attributions données au Gouverneur des Établissements Français dans l'Inde, par l'Ordonnance du 23 Juillet 1840.

Cet arrêté, Monsieur le Président, a jeté une grande alarme au milieu de la paisible population de Pondichéry et des aldées qui en dépendent. Le voici :

Pondichéry, le 8 Février 1851.

RÉPUBLIQUE FRANÇAISE.

LIBERTÉ, ÉGALITÉ, FRATERNITÉ.

———

Au nom du Peuple Français,

Nous, Gouverneur des Établissements Français dans l'Inde,

Considérant qu'il existe dans les aldées de Villenour, Sendanattom, Odiampett, Paréour, Oussoudom, Gourouvapaïkenualéom, Arassour, Courombapett, Talavapett, Condépacom, Oulgaret et Commapacom, plusieurs champs à nelly qui, taxés comme champs à simple récolte, produisent, depuis l'établissement des canaux de Gingy et de Souttoucany, deux récoltes par an;

Que cet accroissement dans les récoltes annuelles de ces terres est dû, sauf quelques exceptions, au surcroît d'eau fourni par les canaux ci-dessus aux aldées dont il s'agit;

Considérant que toute classification d'une terre dans une des catégories du tarif équivaut à un contrat implicite, dans lequel l'État s'engage à garantir aux cultivateurs la libre jouissance de sa part d'eau réglementaire, mais qui ne donne réciproquement à celui-ci, sur les eaux dépendant du domaine public, que les droits attachés à la classe dans laquelle sa terre est rangée;

Que toutes les fois, dès-lors que les eaux dépendant du domaine public peuvent fournir un supplément d'irrigation de nature à faire sortir le champ de la classe à laquelle il appartient, le cultivateur ne peut exiger ce surcroît d'eau qu'en consentant à subir, dans la redevance acquittée par lui, la même modification que celle éprouvée par la catégorie dans laquelle sa terre est rangée;

Considérant que, non seulement les terres à simple récolte qui, depuis l'établissement des canaux de Gingy et de Souttoucany, peuvent donner deux récoltes par an, rentrent sous l'application directe des règles qui viennent d'être développées, mais que, de plus, il est conforme aux principes de réciprocité et de justice qui servent de base à la fixation des droits respectifs des Cultivateurs et de l'État dans la répartition des produits de la terre, que le Gouvernement recueille une part des bénéfices produits par des travaux dont il a seul fait les frais;

Considérant, d'ailleurs, que dès le moment où l'État exige le paiement du surcroît d'eau dont il dispose, il doit être facultatif aux cultivateurs d'user de cet accroissement dans les moyens d'irrigation de leurs terres ou d'y renoncer;

Sur le rapport et la proposition du Chef du Service Administratif;

Le Conseil d'Administration entendu;

Avons arrêté et arrêtons ce qui suit:

ARTICLE PREMIER. Les adamanaires ou propriétaires à titre maniam de terres à nelly, situées dans les aldées énumérées ci-dessus, dont les champs sont classés dans le paymache de 1830 comme champs à simple récolte, et qui voudront se livrer dans la même année à une seconde culture, à l'aide d'eau dépendant du domaine public, seront assujettis, pour cette nouvelle culture, à une surtaxe calculée sur les bases et de la manière qui vont être indiquées.

Les terres situées dans les aldées où les opérations du paymache n'ont pas été exécutées en 1830, et qui sont assujetties à une redevance de quatre pagodes et au-dessus par petit-kany, seront considérées comme terres à simple récolte.

Il en sera de même des terres possédées à adamanam ou à titre de maniam, et des concessions de terres à menus grains converties en champs à nelly qui, soumises à la redevance dont il vient d'être parlé, auront été taxées par un procès-verbal spécial dans lequel le nombre des récoltes que les champs sont susceptibles de donner, n'aura pas été indiqué, pourvu que ce procès-verbal ait été dressé au 13 Juillet 1831 pour l'aldée d'Olandé, et au 13 Juillet 1841 pour toutes les autres.

Seront également soumises à la surtaxe qui va être déterminée, les terres à nelly concédées comme telles postérieurement au 7 Juin 1828, lorsque la faculté de faire une seconde récolte ne résultera pas pour elles d'une indication expresse portée, soit dans l'acte de concession, soit dans le paymache de 1806, et lorsque, d'ailleurs, la rente de ces terres, augmentée de la remise de 10 p. % accordée aux concessionnaires, ne dépassera pas quatre pagodes.

Art. 2. La surtaxe, dont il vient d'être parlé, est et demeure fixée ainsi qu'il suit :

Pour les terres assujetties à une redevance de trois pagodes et au-dessous par petit-kany, moitié en sus de la redevance actuelle ;

Pour celles qui acquittent plus de trois pagodes par petit-kany, mais dont la redevance ne dépasse pas quatre pagodes, un tiers en sus.

Art. 3. Dans les aldées de Condépacom et de Commapacom, la surtaxe, dont il vient d'être parlé, sera perçue, et le montant versé à la cocherie du district par les soins du concessionnaire, aux époques et de la manière qui seront ultérieurement déterminées par nous.

Art. 4. Le Chef du Service Administratif est chargé de l'exécution du présent arrêté, qui sera enregistré partout où besoin sera.

Donné au Gouvernement, à Pondichéry, le 8 Février 1851.

Signé : A. BEDIER.

Par le Gouverneur, le Chef du Service Administratif,

Signé : R. MALASSIS.

Le mot *paymache*, que vous venez de lire, signifie matricule cadastrale, contenant le nom des champs, celui du propriétaire, l'étendue de leur surface, les qualités du sol sous lesquelles ils sont rangés et les redevances auxquelles ils sont assujettis.

3

Après cette courte définition du langage technique de la comptabilité indienne que nous avons cru nécessaire de vous donner pour l'intelligence de l'arrêté, permettez-nous, Monsieur le Président, de vous présenter, d'abord, quelques explications au sujet des canaux dont il est cas.

Monsieur Desbassyns de Richemont, auteur de l'arrêté du 7 Juin 1828, qui, à l'imitation de la Compagnie Britannique, a considéré les Cultivateurs de l'Inde Française comme des fermiers sous la dénomination d'adamanaires, s'étant aperçu que le grand étang ne pouvait suffire à toutes les irrigations à fournir aux terres cultivées, cultivables et en friche, mais propre à recevoir la culture du nelly, projeta d'amener, sur le territoire de Pondichéry, l'eau de la rivière de Gingy, sise à la partie ouest et hors des limites du territoire français, par une saignée pratiquée à sa rive gauche, où prend naissance le canal intitulé dans l'arrêté canal de Gingy.

Ce projet, formé en 1828, fut effectué en 1830 ; ce canal ne peut fournir de l'eau qu'alors qu'il a plu dans l'intérieur et que la rivière qui l'alimente est elle-même pourvue par les pluies. Aussi, quand la saison pluvieuse est passée, le courant cesse bientôt, et l'irrigation des terres, par ce canal, devient impossible.

Les pluies étaient, autrefois, périodiques dans cette partie de l'Inde ; soit parce que les faits qui entouraient le pays ont été détruits, et que cette destruction est devenue un obstacle à la condensation des évaporations de la mer ; soit par toute autre cause atmosphérique qu'il est superflu de rechercher ici, les pluies sont devenues rares, et la périodicité a subi de notables modifications. De là des pertes fréquentes dans les cultures, particulièrement dans celle du nelly, la plus précieuse des denrées nutritives ; de là l'obligation d'ensemencer hors saison, et conséquemment une production chétive.

L'autorité locale comprit, en présence d'un tel état de choses, qu'il était de son devoir de suppléer, par des moyens artificiels, à l'insuffisance de la ressource naturelle. En effet, le grand étang, qui sert de réservoir pour l'irrigation des terres des Aldées énumérées dans l'arrêté précité, qui, autrefois, se remplissait annuellement par les eaux pluviales qu'y conduisaient les pentes dont il est environné, ne reçoit plus, sous la nouvelle condition du climat, que la moitié et souvent le tiers des eaux devant composer son plein. Il était à sec longtemps avant d'avoir satisfait aux irrigations nécessaires.

Cette privation d'eau éveilla la sollicitude de Messieurs les Administrateurs, particulièrement celle de Monsieur Delmas, ancien Ordonnateur à Pondichéry, sous le gouvernement du général Saint-Simon. Ils s'empressèrent de prendre des mesures pour remédier au mal.

Un nouveau canal fut ouvert sur la même rivière, au-dessus de l'ancien, sur la rive gauche, près de l'aldée française de Souttoucany, sur un point plus élevé que la saignée pratiquée pour le canal de Gingy.

Il fallut établir, en travers de la rivière, un barrage qui forçât les eaux à se détourner pour prendre leurs cours par le nouveau canal, qui a pour but de compléter la ressource devenue insuffisante du grand étang pour les irrigations après le temps des pluies, pendant la saison sèche.

De là vient que le canal de Gingy qui, lui, irrigue directement les aldées dénommées, ne s'alimente que des crues occasionnées par les fortes pluies et du surcroît d'eau qui passe par dessus le barrage. D'où il suit qu'en temps de pluies ordinaires, le canal fournit moins d'eau qu'autrefois, dans la proportion de ce que prend le canal de Souttoucany pour le déposer dans le grand étang.

Ces deux canaux existent : celui de Gingy, depuis 1830, celui de Souttoucany, depuis 1840. On a en 1846 agité la question de surtaxe. Le Conseil général s'y étant opposé, elle est restée sans suite.

L'Administration actuelle l'ayant fait revivre, prit l'arrêté que vous nous permettrez, Monsieur le Président, de commenter avec tout le respect que nous devons aux actes de l'autorité.

Cet arrêté qui est exécuté malgré les unanimes réclamations dont il a été l'objet, de la part des intéressés, ne doit il pas être considéré comme pris en dehors du pouvoir de l'autorité locale, par conséquent, inconstitutionnel, pour nous servir du mot consacré dans le langage législatif? Le seul pouvoir législatif, en ce qui touche l'exploitation des terres, que le Gouvernement dans l'Inde ait reçu du chef de l'Etat, est celui de prendre des mesures réglementaires aux termes de l'art. 18, § 5 de l'Ordonnance organique du Gouvernement de l'Inde. Tout autre pouvoir, en cette matière, lui est implicitement refusé ; quand il juge, cependant, nécessaire d'introduire, dit l'art. 49, dans la législation coloniale, des modifications contraires ou des dispositions nouvelles, il prépare, en Conseil d'administration, des projets d'Ordonnance Royale et les transmet au Ministre de la Marine, qui lui fait connaître les ordres du chef de l'Etat. (Nous conservons les termes de l'Ordonnance rendue sous un autre régime, mais dont les principes n'ont rien perdu de leur force.) L'arrêté du 8 Février 1851 n'est-il qu'une mesure réglementaire? Ne contient-il pas plutôt des dispositions toutes législatives? L'assiette de l'impôt est préparée dans un projet par le Conseil d'Administration et est réglée, en définitive, par le pouvoir métropolitain. L'objet de l'arrêté du 8 Février est un impôt, est une recette ; il ne peut être affranchi pour recevoir son exécution dans la colonie de la garantie que l'Ordonnance de 1840 prescrit en pareille matière. Il est indispensable que cet impôt nouveau, que cette nouvelle recette soit arrêtée, acceptée par le ministre et approuvée par le Pouvoir exécutif de la métropole.

On ne saurait pas plus se prévaloir de l'Ordonnance locale du 7 Juin 1828, elle ne contient aucune disposition qui donne le droit de créer un impôt, de le mettre à exécution dans la colonie avant la sanction du Pouvoir exécutif de France, d'autant plus qu'il n'est ni sanctionné, ni approuvé par cette autorité suprême.

D'ailleurs, cette Ordonnance pût-elle fournir aliment à interprétation resterait sans vigueur devant les termes contraires et postérieurs de notre loi organique.

Mais, Monsieur le Président, ce n'est pas seulement sous le rapport de la légalité que l'arrêté dont il s'agit, est l'objet des réclamations unanimes des intéressés; c'est surtout à raison du préjudice qu'il leur cause, et contre lequel ils prennent la liberté de recourir à votre protection.

Ce préjudice, nous l'avons exposé dans un mémoire adressé à M. le Gouverneur, le 7 Juin 1851. Nous lui avions précédemment demandé une audience, le 5, qu'il n'a pas daigné nous accorder. Nous aurions, peut-être, été dispensés de vous soumettre cette supplique, si nous avions été admis à fournir personnellement, outre notre mémoire, des explications sur notre demande.

Quoiqu'il en soit, l'objet de cette demande est très-important, d'autant plus qu'il s'agit du respect dû à une possession et à une jouissance immémoriale, incontestable et sans trouble.

Ce mémoire fut donc présenté, le 7 Juin 1851, vers midi, et, à quatre heures du soir, une question qui touche à tant d'intérêts, de droits alarmés, avait été tranchée par la décision que voici :

RÉPUBLIQUE FRANÇAISE.

LIBERTÉ, ÉGALITÉ, FRATERNITÉ.

DÉCISION.

Le Gouverneur, en Conseil d'Administration,

Vu la pétition qui lui a été présentée, le 2 Juin courant, par Vayttinadachetty, se disant représentant de onze aldées, ladite pétition tendant à ce que soit rapporté l'arrêté du 8 Février dernier, réglant la surtaxe due par les terres simple récolte, auxquelles serait accordé de l'eau du Domaine pour une seconde récolte;

Déclare cette pétition inconvenante quant à la forme, et illégale quant au mode de présentation;

Déclare, en outre, que les assertions qu'elle contient contre les agents du Domaine sont mensongères et calomnieuses; les réclamations qui y sont portées, dénuées de tout fondement, qu'en conséquence, ladite pétition est considérée comme nulle et non avenue, ainsi que celle présentée sur le même sujet par Pennou, en date de ce jour.

La présente décision sera traduite en langue tonnile et publiée dans toutes les aldées du territoire.

Donné à Pondichéry, à l'hôtel du Gouvernement, le 7 Juin 1851.

Le Gouverneur des Etablissements Français de l'Inde,

A. BEDIER.

Par le Gouverneur, le chef du service administratif,

R. MALASSIS.

Vous voyez, Monsieur le Président, que cette décision se prononce sur deux réclamations; elle déclare la première inconvenante, quant à la forme illégale, quant au mode de présentation, on n'a pas à la défendre de ce reproche; on doit dire seulement que le signataire avait reçu mission de tous ceux, au nom desquels il parlait; l'autorité locale s'en est assurée.

Quant à notre demande, faite régulièrement et dans les termes du règlement local, au nom d'un grand nombre des intéressés, nous ayant donné mandat; elle est simplement déclarée nulle et non avenue; elle est irréprochable dans la forme. Pouvait-elle être ainsi effacée? Nous ne le pensons pas. L'art. 27 de l'Ordonnance organique de 1840, § 3, dit au contraire, que les réclamations des habitants doivent être transmises au ministère. Déclarer nulle et non avenue la nôtre, c'est nous priver d'une garantie que la loi nous accorde; c'est nous contraindre à former un appel près de l'autorité métropolitaine, malgré notre respect pour le Gouvernement local qui, aux termes de l'article 51, § 1 de l'Ordonnance organique, loin

4

de créer une charge, doit proposer ses vues sur tout ce qui peut intéresser le bien du service ou tendre à la prospérité des habitants.

Traités en serfs, sous le rapport de notre propriété agricole, comme cela existe, malheureusement encore, chez quelques puissances de l'Europe, nous ne sommes dans nos foyers, ni libres, ni indépendants, nous n'avons jamais subi le triste sort que nous subissons sous un peuple libéral, sous le Gouvernement despotique du pays où nous n'avions à payer pour tout impôt que le sixième, le huitième, le douzième du produit net, suivant les qualités des terres et des peines que devait se donner le cultivateur. Aujourd'hui, au contraire, ce sont les 50 p. % qu'il paye, non pas en nature, mais bien en contribution numéraire, qu'on vient d'augmenter de 25 p. % pour les aldées irriguées par les canaux dont est cas.

Ainsi nous ne savons si nous sommes propriétaires ou fermiers; les règles relatives à l'une ou à l'autre de ces conditions ne nous sont point appliquées. On ne nous laisse pas la libre jouissance de notre propriété, ni on ne nous accorde la protection due au fermier. Notre position a donc besoin d'être fixée.

Le cultivateur est censé possesseur perpétuel du fonds qu'il possède; il n'est pas propriétaire cependant. Le système du régime sous lequel il se trouve est anormal; il faut donc le ramener à son fondement réel. Le droit de conquête ou d'acquisition peut-il durer éternellement? Il faut un terme à tout. L'Indien est sous la protection titulaire de la France; ses droits doivent être sauvegardés par elle.

Le Roi en France était, d'abord, Roi de France. Il devint ensuite Roi des Français. Aujourd'hui, c'est le peuple qui est le souverain. Des colonies à esclaves ont acquis la liberté à la suite d'une révolution qui doit opérer toujours un bien. Les Indous dans leur pays natal n'ont jamais été esclaves; ils ont toujours été libres comme ils le sont encore. Ils doivent donc participer, de leur côté au bienfait de la révolution.

C'est donc une erreur profonde à laquelle fut exposée la Chambre Constituante en faisant considérer les Indous non susceptibles de cette haute représentation; ils ont, au contraire, les plus grands intérêts à faire valoir, intérêts de commerce, intérêts d'agriculture et d'industries diverses; ces intérêts sont les plus chers, les plus graves et les plus importants. Tandis que les colonies à esclaves ont des représentants, les Indous peuvent-ils ne pas se faire représenter? Est-ce, peut-être, parce que nous n'avons pas eu le droit de représentation à l'Assemblée Nationale que nos intérêts sont ainsi exposés, en ce que notre voix ne saurait parvenir jusqu'à vous.

Nous osons espérer, Monsieur le Président, qu'après avoir fait examiner notre réclamation, vous la trouverez fondée au fond comme pleine de révérence en la forme et que vous tranquiliserez une population malheureuse, troublée dans sa laborieuse existence, par une mesure dont les avantages pour le Trésor sont loin d'expliquer le surcroît de misère qu'elle va occasionner.

Privés, de jour en jour, de nos ressources agricoles, lesquelles sont en quelque sorte, réduites au néant; nous recourons à votre autorité paternelle. Vous daignerez, Monsieur le Président, nous relever de nos misères, nous rétablir dans nos droits et nous permettre d'en jouir, en rendant grâce à la France sous les auspices de laquelle nous sommes heureux de vivre.

Le soussigné, au nom de tous les Agriculteurs,

Monsieur le Président,

A l'honneur d'être votre très-humble et très-dévoué serviteur,

PONNOU.

COPIE DE LA PÉTITION

Présentée à M. le Gouverneur des Établissements Français dans l'Inde,

Au nom des Cultivateurs Français de Pondichéry.

Monsieur le Gouverneur,

Le bien du plus grand nombre est la loi suprême : ce principe doit servir de base à toute législation, comme il a été celle de l'organisation sociale.

L'arrêté que vous venez de signer, Monsieur le Gouverneur, concernant le surcroît d'eau fourni par les deux canaux de Gingy et de Souttoucany, porte, permettez-nous de le dire avec tout respect, non seulement une profonde atteinte à ce principe fondamental ; mais il jette encore une grande alarme au milieu de la population paisible de Pondichéry.

Quant aux faits mentionnés dans le premier paragraphe de cet arrêté admettons les tels qu'ils s'y trouvent, avec les restrictions cependant qu'il admet, la conséquence qu'il en tire par les paragraphes suivants, est-elle fondée? Peut-elle être juste?

Nous ne le pensons pas : en effet, en remontant à l'origine des classifications des terres, comme l'auteur de l'arrêté en question fait lui-même, en examinant comment elle a été opérée et entrant dans l'intention de celui qui l'a imaginée le premier, on remarque que l'auteur de cette classification devait faire, comme cela existe, deux grandes divisions de toutes les terres de la contrée que nous habitons, eu égard aux genres de cultures qui s'y pratiquent.

Tant que le cultivateur n'était assujetti qu'à une contribution en nature, comme dans les temps des Rois de l'Inde, où il ne payait qu'un douzième, un huitième et un sixième du produit net de la production de ses terres, suivant la qualité du sol et les soins qu'il exige ; (voir Manou, livre 7, stance 130), les classifications subséquentes établies par le Paymache (¹) n'exigeaient aucune attention de la part de celui qui percevait la contribution.

Mais l'invasion des étrangers dans ce pays a opéré un tel changement à l'ancienne contribution si juste et si équitable que, dans les temps postérieurs on en apercevait à peine les traces. La tyrannie des Musulmans dont l'enthousiasme pour la Religion de Mahomet est extrême, a élevé le taux de la contribution à la moitié des productions de la terre. Lui succéda le Gouvernement européen qui a continué à percevoir sur la même base que le Musulman.

Mais on connaît l'extrême sévérité du Musulman et la négligence qu'il mettait dans l'administration de son Gouvernement. Le peuple trouvait son soulagement sous lui. Ce que l'un gagnait par la tyrannie, l'autre lui soustrayait par l'adresse, par la fraude ; car, la tyrannie est une fraude. L'Européen qui ne s'inquiétait nullement de remonter à l'origine de la contribution primitive et qui s'apercevait de la fraude usée de la part du propriétaire légitime de la production partagée, crut devoir y mettre un terme. Il remplaça donc avec art la contribution en d'enrée par une contribution en argent.

C'est alors que les classifications des terres en différentes qualités devinrent importantes. L'opération dut présenter de grandes difficultés; l'industrie administrative dut s'en mêler, et les productions de chaque champ et de chaque parcelle de champ durent être récoltées et mesurées séparément. Ces opérations durent préluder celles du paymache, et les classifications des terres à nelly en seize qualités, et celles des terres à menus grains en douze. On commença à taxer la seizième qualité de terre à nelly à une demi-pagode (soit 4 fr. 20 cent.); on a

---

(1) *Paymache* signifie, en terme technique de la comptabilité indienne, une matricule cadastrale contenant le nom des champs, celui du propriétaire, l'étendue de leur surface respective, les qualités du sol sous lesquelles ils sont rangés, les redevances auxquelles ils sont assujettis, la mention de la culture ou de la plantation dont ils sont couverts. Ce Paymache est l'œuvre du Gouvernement britannique dans l'Inde. On en a fait un en 1806 pour le territoire de Pondichéry composé de trois districts : de Bahour, de Villenour et district de Pondichéry proprement dit. Les Anglais n'ont pas commencé celui du dernier district, comme ils n'y songent même pas encore, de le faire aux aldées environnantes d'une ville, où, à cause de la commodité que les habitants de la ville cherchent à se procurer, les mutations sont devenues fréquentes, aussi bien que les améliorations étaient rapides; ce serait, par conséquent, y porter un préjudice notable, quand on viendrait à frapper, après coup, ces propriétés d'un droit quelconque à revenir à notre Paymache, il n'a pas eu lieu pour le district de Pondichéry. Le Gouvernement Français en commença un en 1830; ce Paymache fut achevé pour plusieurs aldées dépendantes du dis'rict de Pondichéry, pour celles qui l'environnent de plus près, il en a été fait un en 1830. On le déclare non exécuté; il y a cependant de nombreux champs à nelly qui y sont mentionnés, comme faisant habituellement deux récoltes et qui sont frappés de la surtaxe en vertu de l'arrêté du 8 Février. Quand on demande à le suivre, on dit qu'il n'est pas exécuté, ainsi les anciennes possessions et jouissances constatées par les actes du Domaine sont violées par la nouvelle mesure.

progressivement doublé la taxe, et on a donné une redevance de huit pagodes (soit 67 fr. 20 cent.) à la première qualité. Où voit-on la distinction des terres à une récolte et à double récolte? Les terres produisant telle ou telle quantité de nelly à raison de cinq galons par bara la pagode, étaient taxées proportionnellement à leurs produits. Peut-on dire que les productions tirées par une seconde récolte sont calculées dans la conversion en argent? Nous ne le pensons pas, et les progressions suivies ne le font pas du moins présumer. La fertilité du sol est naturelle ou artificielle. La première est due à la composition de ses couches, indépendante de la main de l'homme; celle artificielle lui est, au contraire, acquise par le travail de celui-ci. L'irrigation est encore une source de fertilité pour les plantations, particulièrement pour la culture à nelly, qui est une plante aquatique; mais cette irrigation est trop souvent due au soin de la nature; celle procurée par l'industrie de l'homme doit être aussi comptée. Qu'est-ce qui peut dire que le grand étang d'Oussoudom a été creusé aux frais exclusifs du gouvernement natal ou étranger? L'étang comme le pâturage n'est-il pas des dépendances du domaine public, conséquemment consacré à l'utilité publique? Quant aujourd'hui il est menacé de rupture, qu'est-ce qui vient à son secours? Où est la ressource pour un Gouvernement, si ce n'est dans le concours des citoyens ou contribuables? Comment un gouvernement indigène ou étranger peut-il ne pas se confondre avec les citoyens, quant à la prospérité de son pays? Où peut-il la trouver? Comment la distinguer d'avec celle du peuple? La dépense pour les travaux considérables que l'arrêté du 8 Février dernier signale comme un motif de nouvelle taxe, n'est donc pas illégitime; ni elle ne peut être considérée comme un capital placé à intérêt. Cette manière de voir serait contraire au principe de l'administration publique. En effet, le Gouvernement emploie l'argent des contribuables dans l'intérêt de tous, et ne réclame à aucun le remboursement de la dépense, d'où résulte le bien-être général. Ce serait, on le comprend, un double emploi injustifiable. Cela est si vrai, que le Gouvernement n'impose de remboursement au public que pour les travaux publics, exécutés par des compagnies particulières. Jamais un propriétaire a-t-il été taxé en raison de la plus value résultant pour ses maisons des travaux faits par le Gouvernement pour améliorer la voie publique? Le Gouvernement a donné, en prime et en dégrèvement, 600,000 fr. pour encourager l'industrie commerciale, qu'en a-t-il retiré? La culture n'est-elle pas la ressource de tant de dépenses? Le Gouvernement n'est-il pas convaincu de cette vérité aujourd'hui? Pourquoi chercher à établir ces distinctions d'une seule récolte et de deux récoltes, quand, par le fait, on connaît d'une manière positive que le malheureux cultivateur est dans la gêne, dans le besoin même, par suite d'un impôt énorme, en argent, de 50 p. % pour le paiement duquel il est forcé souvent de vendre ses denrées à perte, ou de faire des emprunts usuraires? Ce qui est la cause de son état de malaise pour ne pas dire de misère.

En principe, il n'y a pas de terre à une seule récolte, il n'y en a pas à deux. Les terres cultivables et cultivées peuvent être cultivées plus d'une fois, cela dépend du temps, de la circonstance et de l'industrie du propriétaire. Le Gouvernement doit une égale protection à tous; il ne doit pas spéculer; il doit encourager le travail dans l'intérêt même du trésor, qui y trouve une rentrée plus facile et plus régulière des impôts fonciers. Quand un usage abusif s'est introduit dans l'administration, elle doit chercher à le reparer. Le moment est venu. Le Cultivateur, accablé sous le poids de ses misères, le sent et le voit. Il faut donc s'en occuper.

Passons maintenant à d'autres points d'intérêts importants auxquels touche profondément l'arrêté dont il s'agit.

L'arrêté classe au nombre des terres à simple récolte « celles qui sont taxées à » quatre pagodes et au-dessous, et il exige pour les terres assujetties à une » redevance de trois pagodes et au-dessous, par petit-kany, moitié en sus de la » redevance actuelle, pour celles qui acquittent plus de trois pagodes par petit-kany, » mais dont la redevance ne dépasse pas quatre pagodes, un tiers en sus. »

Dans quel règlement est écrite cette base? Est-ce dans les règlements anglais ou dans les règlements français? Si ces règlements existent chez les Anglais, pourquoi ces derniers n'exigent-ils rien quand ils accordent de l'eau aux terres à nelly sans distinction de celles à simple récolte ou à double récolte? S'il est vrai de dire que la redevance plus élevée pour les terres à nelly n'est due qu'en raison du secours que le Gouvernement est tenu de leur donner, il est aussi vrai de reconnaître que ce secours n'a pas d'échelle de progression pour être plus payé suivant le nombre de récolte, mais eu égard seulement aux différentes classes des champs déterminés par le degré de fertilité naturelle du sol.

En effet, en suivant pas à pas le procédé d'un Paymachdar, qui mesure les champs à classer, on comprend qu'il doit faire attention à tout ce qui tombe sous ses sens à la nature du sol, à la culture ou plantation; et quand il trouve un champ cultivé et d'autres récoltés, il s'enquiert si c'est là une seconde récolte, il indique alors ces champs à simple ou à doubles récoltes, suivant le renseignement qu'il s'est procuré, sans que cette indication soit jamais le motif déterminant de la classification qui dépend entièrement et exclusivement de la fertilité absolue du sol qui compose le champ.

En effet, qu'on recoure aux comptes de paymache, et on y trouve ceci : Il existe à Odiampett une plaine appelée Madoupalom ; on y trouve tantôt des terres classées à 11ᵉ, 13ᵉ et 14ᵉ qualités, considérées comme des terres à double récolte, tandis que celles qui sont classées à une qualité supérieure aux précédentes, par exemple, à 10ᵉ, sont considérées à simple récolte. A Villenour, il y a des propriétaires qui possèdent des champs à nelly classés à 10ᵉ, 11ᵉ, 12ᵉ et 14ᵉ qualités, lesquels sont pris comme des terres à double récolte, tandis que celles classées à 8ᵉ et 9ᵉ, sont à simple récolte. Cette variété abonde pourtant dans les comptes de la régie et des aldées. Il est donc facile de reconnaître que la base à laquelle a eu recours l'arrêté du 8 Février 1851 est une fiction qui, si elle était admise comme mesure de distinction, détruirait de fond en comble le droit du Cultivateur qui, loin d'être accablé, a besoin d'être soulagé.

Ayant ainsi démontré que les catégories de terre à simple récolte et à double récolte ne sont que des fictions sans fondement, ni légales, ni traditionnelles, passons maintenant à l'eau réglementaire et au contrat implicite dont il est parlé dans l'arrêté en question.

Où est encore ce règlement? Où est la règle qui délimite l'eau par rapport au nombre des récoltes? Pas un règlement de cette nature qui soit connu jusqu'à ce jour. Un seul règlement que l'usage a consacré, c'est que les champs sont alternativement irrigués ; et cette irrigation, alternative aussi bien que la progression suivie dans les classifications dont il est parlé plus haut, est une preuve convaincante que la distinction des terres à simple récolte et à double récolte n'est basée sur aucun règlement, d'autant plus qu'elle compromet l'intérêt le plus cher du propriétaire. Il suffit de relater certains faits ; ils ne sont pas rares ; ils fourmillent dans les comptes de la régie et des aldées.

En effet, en recourant à ces comptes, on y trouve ceci : Il existe une vaste étendue de terre au nord d'Aroumbatépouron : elle s'appelle Maniavelly ; elle est aussi divisée en Maniavelly de l'est et en Maniavelly de l'ouest ; celui-ci est composé de vingt petits-kanys, celui-là de quinze grands-kanys : tous les deux ont droit à une irrigation régulière et à une irrigation extraordinaire du grand étang d'Oussoudom.

Voici comment la première se règle ; c'est une branche du canal dit Kijevaikal qui procure de l'eau aux champs qui en dépendent.

Cette eau doit y passer à un pied de largeur sur six pouces de hauteur ; elle irrigue alternativement l'un et l'autre Maniavellys dont il vient d'être parlé. Le Maniavelly de l'Est reçoit 90 najis, soit 36 heures, une fois, et le Maniavelly de l'Ouest autant de najis ou d'heures, une fois, et le premier 60 najis, soit 24 heures, une seconde fois, et le second, 60 autres najis ou 24 heures, une seconde fois. Cette irrigation est constante et perpétuelle; il n'y a interruption ni jour ni nuit.

Partout l'irrigation du grand Etang est réglée de la manière ci-dessus établie. Seulement elle diffère en nombre de najis et en quantité d'eau, laquelle est plus ou moins grande selon l'étendue des terres à arroser.

Voilà comment est réglementé la délimitation de l'eau du grand Etang; voilà le contrat implicite par lequel l'Etat s'est engagé à garantir au cultivateur la libre jouissance de sa part d'eau réglementaire. Y a-t-il une classe de terre à laquelle un règlement ou un usage accorde seulement de l'eau pour une récolte? Où est ce règlement? Il n'existe point. Les règlements anglais sur lesquels est calqué le réglement du 7 Juin 1828 de Pondichéry, ne contiennent aucune disposition de ce genre. L'usage dans les Indes britanniques comme dans les Etablissements Français de l'Inde est différent.

D'ailleurs, que l'on ne s'imagine pas que l'eau fournie de la manière ci-dessus parlée, arrose suffisamment les champs; elle ne les irrigue souvent qu'à demi et tout au plus, à deux tiers, que là où l'irrigation s'effectue facilement. Quand le ciel suspend d'y verser ses bienfaits, le cultivateur est forcé de suppléer à ce manquement par les moyens artificiels si chers et si coûteux qu'ils absorbent une partie assez sensible de sa part dans la production.

Daignez, Monsieur le Gouverneur, jeter vos regards sur les possessions anglaises où le grand fleuve Cavery saigné en mille endroits, porte l'abondance par ses eaux chargées de principes de fertilisation; où les champs sont couverts de moissons abondantes et où le cultivateur moissonne deux fois dans l'année et à si peu de frais et à si peu de peine.

Pourquoi les Anglais n'établiraient-ils pas un surcroît d'impôt pour les eaux en abondance qu'ils fournissent à si grands frais partout dans leurs possessions? C'est qu'ils savent qu'ils ont fait doubler la redevance pour les terres à nelly; car toutes les terres, à l'exception de quelques différences, sont propres à la culture des menus grains. Quand il s'agit de les rendre rusières, et qu'il faut assurer la production, il est indispensable de procurer de l'eau. C'est pourquoi ils ont fait doubler la redevance pour les terres qualifiées à nelly. Ainsi quand une terre à menus grains est taxée à une pagode, celle à nelly l'est à deux. C'est pourquoi ils ne font point augmenter la redevance des terres à nelly, tandis qu'ils le font pour les terres à menus grains, quand le cultivateur s'avise de les convertir en terres à nelly.

Cet usage anglais est une interprétation claire et lucide du système que nous soutenons, d'autant plus que celui qui l'a organisé le connaissait mieux que celui qui le pratique.

C'est qu'ils savent en second lieu qu'ils seraient injustes, s'ils écrasaient le malheureux cultivateur de l'Inde qui semble partager avec le Gouvernement, quoique de fait, la part qu'il lui donne en argent, est beaucoup plus forte que celle qu'il se réserve, la conversion des denrées en argent faisant toujours éprouver une perte au cultivateur.

Disons un mot sur l'irrigation extraordinaire, elle se fournit une fois dans l'année à quelques aldées irriguées par le grand Etang à partir de Janvier de chaque année jusqu'en Juillet; c'est quand le besoin de la culture l'exige. A l'époque de cette irrigation, tous les canaux subdivisés sont barrés, à l'exception de celui qui doit porter l'eau à la plaine qui y a droit. Ainsi, la tête des branches qui aboutit à l'Etang verse l'eau dans la seule branche dirigée vers la plaine, ce qui continue trente najis.

La plaine Maniavelly dont il est parlé plus haut, quoique tous les champs qui la composent, taxés seulement à une redevance inférieure, à quatre pagodes par petit-kany, a droit à cette distribution extraordinaire. Comment pourrait on donc considérer ces champs comme assujettis à une simple récolte? L'extraordinaire dont est cas, est immémoriale; elle est bien antérieure à l'établissement des canaux en question. Déroger à ce droit, ne serait-ce pas une transgression flagrante? Ne sait-on pas que la première récolte se termine en Janvier, au plus tard en Février? Si les champs dont est cas n'étaient pas habituellement cultivés deux fois dans l'année, comment pourraient-ils obtenir cette irrigation qui n'est accordée que pour les temps où la seconde récolte doit se faire?

Ainsi, l'eau réglementaire est celle qui irrigue un champ, toutes les fois qu'il en a besoin et toutes les fois qu'il est possible d'irriguer, et la classification des terres à une récolte où à double récolte n'a jamais fait l'objet d'une distinction, depuis que le Paymache existe, comme il est dit plus haut. Pas de règlements ou d'usages qui établissent une classification de taxe en raison de la quotité d'eau fournie. En l'absence de ces règlements, il faut donc prendre les choses telles qu'elles sont et dire que l'indemnité exigée pour l'irrigation artificielle faite aux frais du Gouvernement a été réglée une fois pour toutes et uniformément. Que de familles autrement ne seraient pas mises aux risques de perdre leur pain quotidien? Que de jouissances, que de possessions immémoriales ne se trouveraient pas détruites! Que faire à l'égard des terres qui sont d'une manière continue et perpétuelle irriguées depuis plus de trente ans et avant l'irrigation procurée par les canaux en question? Ces terres, cependant ne sont pas comprises dans la classification au-dessus de laquelle il ne peut pas y avoir de surcroît d'impôt. Quand un usage consacré par un si long laps de temps va être anéanti, que de plaintes ne doit-il pas faire surgir et que d'alarmes parmi la paisible population de l'Inde? Si une nation aussi rigoureuse que la nation anglaise vient au secours des malheureux cultivateurs de l'Inde épuisés par les invasions étrangères, quel soin le Gouvernement français dont la réputation de générosité est répandue dans toute l'Inde, ne doit-il pas prendre pour traiter équitablement la population française sous sa paternelle domination. La France dont la constante sollicitude est d'améliorer le sort humain, ne nous doit-elle pas sa protection? Ne nous protège-t-elle pas, en effet? Dans les dépêches qu'elle adresse au Gouvernement local, ne manifeste-t-elle pas le désir vif et ardent qu'elle a de traiter le peuple de l'Inde Française aussi favorablement que le sien propre? La promulgation fréquente de ses lois métropolitaines au bienfait desquelles il participe constamment, n'est-elle pas une preuve convainquante de sa sollicitude pour lui?

Sans nous occuper en vain des travaux d'irrigation agricole sans nombre que les Anglais font actuellement dans les possessions Britanniques de l'Inde, pour accroître la félicité du pays, bornons-nous à la question de l'accroissement de culture auquel ont donné lieu les canaux de Souttoucany et de Gingy et de la stabilité de redevances qu'ils ont assurée au Gouvernement et qui ont besoin d'éprouver une réduction dans l'intérêt réciproque du Gouvernement et de ses administrés.

Parcourons rapidement, d'abord, les perceptions que touchait le Gouvernement avant l'établissement de deux canaux d'irrigation dont est cas et celles qu'il touche aujourd'hui.

	Perceptions Anciennes en 1831.	Perceptions Nouvelles en 1851.
Arassour	259 ROUPIES.	266 ROUPIES.
Gourouvapaïkenpaléom	637	753
Sendanattom	899	1,243
Oulandé	896	1,260
Oulgarett	6,370	7,672
Courombapett	511	574
Talavapett	172	172
Villenour	3,517	4,907
Odiampett	1,876	3,812
Paréour	280	1,015
Oussoudom	508	665
TOTAUX	15,925 ROUPIES.	22,339 ROUPIES.
SURPLUS		6,414 ROUPIES.

Si vous daignez, Monsieur le Gouverneur, vous faire donner un dépouillement de la régie jusqu'en 1840 des dégrèvements annuels qu'on a accordés avant le creusement des canaux en question, dépouillement qu'il est facile d'avoir, vous remarquerez que le Gouvernement n'a pas seulement augmenté ses revenus, mais qu'il s'est encore assuré, en outre, des anciennes perceptions, un tiers en sus par chaque aldée plus haut mentionnée.

Ainsi le Gouvernement, depuis la rétrocession, n'a fait qu'accroître ses revenus, de jour en jour, comme le prouvent les budjets successifs. Cependant le sort du malheureux cultivateur dans l'Inde Française est aussi pénible, lui qui augmente, qui double, qui triple la ressource de l'État, qui vit de privations pour subvenir à ses charges, et qui ne lègue jamais à ses enfants qu'un sort aussi fâcheux que celui qui l'a accablé pendant toute sa vie.

C'est ici le lieu d'attirer la bienveillante sollicitude du Gouvernement local et métropolitain : qu'il n'imagine pas que c'est une exagération faite à plaisir. Le Gouvernement local doit en connaître quelque chose, si ce n'est pas tout ; mais nous croyons que la métropole, cette mère qui ouvre ses bras à tous ses enfants indistinctement, nous croyons, dis-je, que la métropole ignore jusqu'à quel point notre position est pénible, et il vous est réservé, Monsieur le Gouverneur, de l'éclairer sur les moyens de nous en faire sortir.

Personne ne se doute que, dans l'Inde, il n'y ait qu'une seule classe qui soit chargée de presque tous les besoins de l'État. Cette classe, c'est celle des Cultivateurs ; elle est cependant la mère nourricière de la ville ; dans tous les pays du monde, c'est elle qui mérite le plus de protection. La force des choses consacre le contraire.

En effet, qu'est-ce qui est le plus écrasé ? C'est le cultivateur. Qu'on jette des regards dans la campagne couverte de moissons deux fois l'année, qu'y trouve-t-on partout ? De pauvres cultivateurs couverts de haillons, de pauvres femmes à peine vêtues, des enfants tous nus ; cette malheureuse population n'ayant pour abri que des cabanes où l'air et le jour pénètrent à peine, où ils reposent dans l'humidité, en butte ainsi aux maladies destructives du climat. Ce tableau vrai dit assez à quelle série de privations elle est d'ailleurs soumise.

La cause de tant de misères, de tant d'infortunes, c'est l'ignorance de l'art de cultiver dans laquelle cette classe si utile est plongée ; en effet, cet art si précieux que partout ailleurs le génie a perfectionné, est dans l'enfance, dans l'Inde. Le Gouvernement Français comme le Gouvernement Anglais ne s'est pas occupé, jusqu'à ce jour, à le communiquer aux Indiens. La culture qu'ils font est faite d'une manière très-imparfaite. Point d'encouragement ; point de secours procuré au cultivateur par le Gouvernement pour améliorer sa méthode de cultiver. Pas de moyens sanitaires ruraux mis à la portée de son usage. Point de pâturage ni de prairies naturelles ou artificielles. Tout est donc dans l'abandon le plus complet.

Un botaniste agriculteur s'efforce en vain de mettre à la connaissance du public une industrie utile pouvant facilement prospérer dans ce pays où la culture des muriers n'éprouve pas la même difficulté qu'ailleurs; loin de recevoir de l'encouragement et des secours pour la propagation, il trouve partout des obstacles.

La commission d'agriculture à Pondichéry après discussion et mûr examen s'est prononcée, il y a déjà quelque temps sur l'utilité de cette industrie. L'exécution en est retardé, on ne sait pas pourquoi.

Il ne reste plus qu'à parler des frais que le cultivateur est obligé d'avancer, et dans lesquels il ne rentre bien souvent pas, d'après le mode de dégrèvement accordé par une loi dont nous ferons connaître la partie ruineuse dans son application.

Examinons en attendant ce que coûte la culture d'un kany, ce qu'il produit et ce qui revient au propriétaire, tous frais et impôts déduits; un détail exact et succinct vous mettra, Monsieur le Gouverneur, à même d'apprécier la juste vérité de l'assertion que nous soutenons.

Voici comment un petit-kany de terre à nelly est labouré et cultivé :

L'époque de labourage est à partir de Juillet à Août. Le labourage doit s'effectuer par vingt charrues, payant chacune un et demi fanon.

		R.	F.	C.
Pour 20 charrues.....		3	6.	»
»	Engrais...	4	»	»
»	Grains de semaille...	1	2	»
»	Emploi de 20 coulis pour le sarclage.	2	4	»
»	Emploi de 20 coulis à la coupe des productions, jusqu'à l'égrenage...	2	4	»
»	Endiguement et curage des canaux d'irrigation...	1	»	»
»	Gardiennage pendant cinq mois.....	2	4	»
	Total.......	17	4	»

A y ajouter la redevance à payer, laquelle est basée sur la classification à laquelle est assujettie une terre cultivée, à partir de la seizième qualité, payant une redevance de demi pagode jusqu'à la première qui est taxée à huit pagodes. Ces deux qualités extrêmes étant rares, nous prendrons ici, pour établir facilement notre terme de culture, la taxe la plus ordinaire, laquelle est de trois pagodes. La terre taxée à cette dernière redevance doit produire trente galons Baras.

A ajouter au total des frais de 17 roupies 4 fanons, soit. 5 Pagodes » »

La redevance à payer qui monte comme nous l'avons dit plus haut à 10 roupies 4 fanons, soit........ 3 Pagodes » »

Ils forment un total de......................... 8 Pagodes » »

A évaluer le montant de la production de 30 galons de nelly, convertis en argent, à raison de 5 galons par Bara, moyen terme admis unanimement pour servir de base unique ; cette conversion, dis-je, nous donne 6 Pagodes » »

A y ajouter encore le prix de la paille, qui équivaut à une pagode................................ 1 Pagode » »

TOTAL....... 7 Pagodes » »

A déduire cette somme de celle de 8 pagodes employées tant en frais de culture qu'en impôt foncier, ci. ... 8 d° » »

RESTE....... 1 Pagode » »

Cette dernière somme est en perte au cultivateur. Cette vérité mathématique ne saurait être contestée ou éprouver une attaque de la part de qui que ce soit, pourvu qu'on la prenne pour base de moyen terme à tous les champs assujettis à la redevance que nous avons prise pour point de départ.

Quant aux frais d'une seconde culture, ils sont presque les mêmes ; mais la production ne saurait jamais dépasser les deux tiers de la première récolte. Cette réduction est nécessairement dû à la fatigue du sol.

Ainsi si le propriétaire qui fait labourer sa terre doit perdre une somme de 3 roupies 4 fanons (ou une pagode) de l'argent qu'il avait fourni de son fonds, comment oserait-il continuer la culture? Ce qui fait qu'il ne s'occupe pas de culture lui-même, aussi ne retrouve-t-on plus ces grands cultivateurs qui sillonnaient en tête les champs à labour avec des charrues dorées. Ces richesses agricoles ont progressivement disparu. Le Cultivateur cherche cependant à se conserver la terre qui lui est si onéreuse. Ce penchant, cette propension irrésistible et heureuse ne peut s'expliquer que par un effet de la nature qui en a doté l'homme, pour y trouver son existence. Vouloir le lui ôter, ce serait vouloir tenter l'impossible.

Indépendamment, les pluies sont annuelles dans l'Inde, mais elles sont loin d'être périodiquement régulières ; elles ne s'exécutent guère qu'une fois sur dix ans en quantité suffisante et en temps utile, ce qui fait courir de grandes chances aux Cultivateurs. Malgré que l'étang soit rempli, quand les plans de nelly comme toute autre plante ne sont pas arrosés par le ciel, le produit est minime.

Le Cultivateur malheureux, qui cultive pour son propre compte, peut-il être sûr d'atteindre le but qu'il se propose? C'est de se procurer l'existence à lui et à sa famille. Il lui faut une charrue, une paire de bœufs et les accessoires de culture; il se les procure avec peine. Il lui faut une somme modique, à la vérité, il se la procure aussi. Mais que lui reste-t-il après la récolte? Ce qui reste pour lui est à peine suffisant pour vivre quelques mois dans l'année, après les travaux laborieux qu'il s'est imposés. Où ira-t-il se procurer la vie? Que fera-t-il en cas d'évènement, de perte des ustensiles aratoires, perte de bœufs? Que fera-t-il pour s'abriter contre l'injure du temps? Comment fera-t-il pour abriter ses bestiaux qui meurent transis de froid dans le temps hivernal, lui qui se nourrit des herbes qu'il va chercher sur les bords des étrangers? A le supposer un fermier, ce qui lui repugne, les fermiers sont partout ailleurs mieux traités que lui : car on leur fournit des logements, des engrais, des fourrages, des grains de semailles. Ici tout incombe, au contraire, à la charge du cultivateur. C'est ainsi qu'il est on ne peut plus malheureux! Il commet le larcin, le vol; car la majorité des coupables qu'on traduit à la Cour d'Assises sont des cultivateurs !

Le Gouvernement dans l'Inde tient-il compte de ces variations de température, de ces besoins incessants dont l'homme est entouré et dont il ne peut se défaire, sans se défaire de la vie? Lui procure-t-il ces secours aratoires? Mais il a établi, il est vrai, un amendement dans la perception, en introduisant l'usage du dégrèvement.

Mais, Monsieur le Gouverneur, voici la Loi du dégrèvement : « Les adamanaires » ne peuvent prétendre à des dégrèvements ou des délais qu'autant que la valeur » de la récolte de tous les champs qu'ils cultivent a été inférieure à la moitié du » produit moyen que ces terres peuvent donner étant cultivées en riz, etc., etc. »

L'interprétation de cet article par l'usage qui se pratique, c'est que, quand un Cultivateur a cultivé, supposons, quatre kanys de terre, s'il y en a un ou deux kanys qui soient perdus entièrement, que deux autres aient produit de quoi pour payer la redevance de tous les champs que je suppose être quatre, taxés ensemble à douze pagodes, le dégrèvement n'a pas lieu. Si la production n'atteint pas une valeur de douze pagodes, le dégrèvement a lieu, et le produit est alors partagé entre le Cultivateur et le Gouvernement. Cette Loi est en vigueur; elle a fait bien du mal au Cultivateur, qui est aujourd'hui obéré et appauvri par ce système.

Ainsi l'agriculture périclite de jour en jour, sous son influence fatale. Peut-elle, du reste, prospérer? Le cultivateur peut-il avoir des épargnes, d'après le système de perception en vigueur? Le Gouvernement métropolitain sait-il cet état déplorable? Qui a élevé la voix vers lui? L'agriculture n'est-elle pas la prospérité du Gouvernement dans tous les pays du monde? Rome cette maîtresse de l'Univers n'a-t-elle pas senti et éprouvé l'effet de la privation de cet art si utile sous la première République par la rigueur qu'exerçaient les sénateurs contre les plébéiens sous le consulat? Croyez-vous que le cultivateur affaibli de jour en jour dans ses ressources pécuniaires, dans ceux de son moral et de son physique, puisse continuer à soutenir le Gouvernement? La postérité qu'il laissera pourra-t-elle se livrer avec la même vigueur et avec la même force aux pénibles travaux agricoles? Cet effet physiologique que communique à sa postérité un individu faible et débile, est-il si difficile à concevoir? C'est une extinction de la race qu'on doit immanquablement attendre.

Loin de chercher la véritable cause de l'inertie, de l'apathie et de la nonchalance, on s'est livré à avancer des erreurs, des absurdités dans les mémoires publiés ou adressés au ministère sur le compte des pauvres cultivateurs de l'Inde, mémoires que nous contestons et contre lesquels nous protestons comme contenant des faits inexacts, erronés et calomnieux.

L'oisiveté, l'apathie et la nonchalance que l'on attribue exclusivement aux Indiens, ne sont elles pas dues à l'influence solaire que tout homme habitant la zône torride ne peut manquer d'éprouver? Ajoutons maintenant à cette influence des climats, celle d'une hygiène dépourvue d'alimentation nutritive, excitante ou tonique, que le malheureux cultivateur ne trouve nulle part dans sa profession; à quel miracle ne doit il pas le reste de volonté et de force qu'il possède pour continuer ses labeurs? L'extinction de la race agricole, par conséquent, de toute prospérité de la ville, est donc certaine et indubitable, si le Gouvernement ne pense à obvier à l'inconvénient d'une cause malheureusement trop efficace de destruction et d'anéantissement de la force physique et morale qu'entraine la constante privation dans laquelle vit le cultivateur malheureux, si digne de commisération que l'humanité recommande à ceux à qui son sort est confié.

Vous pardonnerez, Monsieur le Gouverneur, au soussigné la liberté qu'il prend au nom de ses compatriotes, Agriculteurs, Cultivateurs ou Colons, de vous prier de donner une prompte solution à la première partie de cette Adresse concernant le surcroît d'impôt qui jette une profonde alarme au milieu de la population paisible de cette ville, qui implore respectueusement la mise à exécution d'une récente dépêche ministérielle, contenant les recommandations les plus bienveillantes en sa faveur, sauf à réviser plus tard les règlements qui demandent une modification au sujet de l'allégement réclamé par eux, des impôts écrasants dont ils sont frappés, et de vouloir bien soumettre notre demande à Monsieur le Président de la République, auquel ils recoureront eux-mêmes, pour obtenir la protection et la justice qui leur sont dues, en leur qualité d'enfants adoptifs de la France dont ce pays doit faire une partie intégrante, d'après le système politique qui nous régit tous.

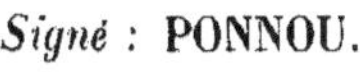

Signé : PONNOU.

Nantes, Imprimerie de VINCENT FOREST, place du Commerce, 1.

www.ingramcontent.com/pod-product-compliance
Lightning Source LLC
LaVergne TN
LVHW050329030726

842520LV00005B/1838